사랑하는
에게
가(이)
년 월 일

"최고의 어린이 책들이 다 그렇듯 재미있는 그림과 단순하면서도 강력한 메시지가
제대로 만났다. 많은 부모가 이 책을 어린 자녀에게 읽어 주리라 확신한다."
케빈 드영 / 크라이스트커버넌트교회 담임목사

"자기 전 베개에 우리 아이들의 머리를 누이기 전에 읽어 주고 싶은 책."
헌터 벨레스 / 저니위민(Journeywomen) 팟캐스트 설립자

"정말 환상적인 책! 우리 마음을 울리고, 그리스도를 따르는 것이 가장 귀한 일임을
다시 기억하게 해 준다. 보다 많은 가족이 이 책을 읽으며 복을 받기를 소망한다."
에드 드류 / 페이스인키즈(Faith in Kids) 대표

"오래도록 사랑받는 책으로 자리매김할 것이다! 이 매력적인 책이 즐거운 리듬으로 부르는 노래,
우리와 우리 아이의 마음을 하나로 묶어 하나님의 사랑으로 감싸는 노래.
다른 노래는 몰라도 이 노래만큼은 반드시 우리 아이에게 불러 주리라!"
앤 보스캠프 / 《나의 감사 연습, 하나님의 임재 연습》 저자

"부모가 자녀에게 자주 읽어 주고 싶은 책일 뿐 아니라, 단어의 즐거운 리듬과 흥미로운 그림 덕에
아이들도 좋아할 책이다. 주변의 아이들이나 젊은 부모들에게 아낌없이 선물하라!"
브레트 맥크레켄 / 가스펠코얼리션(TGC) 편집장

"우리 자녀들의 상상력을 자극해 줄 기분 좋은 책.
멜리사는 정확하면서도 단순한 글로 우리를 예수님께로 안내해 준다."
트릴리아 뉴벨 / 《하나님의 참 멋진 계획》 저자

"유쾌한 글과 흥미로운 그림이 하나로 만났다! 모든 크리스천 부모가 자녀에게 품은 꿈들,
그중에서도 가장 커다란 꿈에 관한 이야기."
밥 하트먼 / *The Earthquake and the Midnight Song*(지진과 한밤중의 노래) 저자

어디 가든 무엇을 하든, 사랑해 예수님을

WHEREVER YOU GO, I WANT YOU TO KNOW

멜리사 크루거MELISSA KRUGER 지음

이소벨 룬디ISOBEL LUNDIE 그림

정성묵 옮김

두란노KIDZ

엠마EMMA, 존JOHN, 케이트KATE,
너희가 어디를 가든
엄마가 항상 응원하고 있다는 걸
잊지 말렴.

– 멜리사 크루거

Wherever You Go, I Want You to Know

Originally Published in English under the title:
Wherever You Go, I Want You to Know
Published by The Good Book Company Ltd, Blenheim House, 1 Blenheim Road,
Epsom, Surrey, KT19 9AP, UK

어디 가든 무엇을 하든,
사랑해 예수님을

지은이 | 멜리사 크루거　그린이 | 이소벨 룬디　옮긴이 | 정성묵
초판 발행 | 2021. 4. 5　등록번호 | 제2007-000009호　등록된 곳 | 서울특별시 용산구 서빙고로65길 38
발행처 | 두란노키즈　영업부 | 2078-3333 FAX | 080-749-3705　출판부 | 2078-3332

책값은 뒤표지에 있습니다.　ISBN 978-89-94773-47-6 03230
독자의 의견을 기다립니다.　tpress@duranno.com www.duranno.com

두란노KiDZ 는 두란노서원의 어린이책 전문 브랜드입니다.

들려주고 싶은 이야기가 있어.
아빠 엄마에게는
널 향한 큰 꿈이 있단다.
어디 가든 이걸 기억하렴.
세상에는 할 일이 정말 많아.
볼거리도 정말 많단다.
앞으로 네가 어떤 일들을 할 수 있을지
한번 상상해 볼까? 재밌을 거야.

너는
비행기를
조종하게 될지도 몰라.
저 하늘 높이
슈~~웅!!!
날아오르는 거야!

농부가 되어
하늘 **높이** 쑥쑥 자라는
곡식을 키우게 될지도 모르지.

요리사가 될 수도 있어.

왕에게

냠냠 맛있는 음식을

만들어 준다고 상상해 봐.

♬♪~

아니면 멋진 무대에서
노래를 부르는
가수는 어때?

그런데 말이야.
어디 가든 **무엇**을 하든,
기억하렴.
아빠 엄마에게는
널 향한 **큰 꿈**이 있단다.

너는 벽돌을 차곡차곡 쌓아
집을 짓는 일을 할지도 몰라.
어쩌면
의사가
되어
아픈 사람들을 도울 수도 있지.
부러진 뼈를 고쳐 주는 사람!

선생님이 되어
매일 책을 읽을 수도
있어.
세상에서 가장 멋진
선생님
점토로 근사한 작품을 빚는
예술가가 될 지도 모르지.

네가 **가수**가 되든,
요리사가 되든,
농부가 되든,
선생님이
되든,

하늘에 가득한
별을 연구하게 되든…

네가 무엇을 하든
네가 어느 곳으로 가든, 기억하렴.
아빠 엄마에게는
널 향한 큰 꿈이 있어.

세상은 정말 **크고 넓은** 곳이야.

좋은 것들과 **나쁜** 것들이 가득한 곳이지.

수많은 **모험**이 너를 기다리고 있단다.

기뻐서 하하
웃을 때도 있고,
슬퍼서 엉엉
울고 싶을 때도
있을 거야.

42
다른 사람에게 **질** 때도 있고,
32
심지어 **꼴찌**가 될 때도 있겠지.
물론 **이겨서** 싱글벙글
웃을 때도 있을 거란다.

어느 날엔

누군가와 **사랑**에 빠질지도,

또 어느 날엔 신나는 **모험**에

도전할지도 몰라.

따스한 **햇살**을

즐기는 때도 있고,

빗속에서 **춤**을 추는 때도 있을 거야.

나중에 네가 아빠 엄마랑
멀리 떨어져서 살 수도 있고,

가까운 데서
살 수도 있어.

얼굴을 마주 보며
말할 때도 있고,

전화로 대화해야 할 때도 있겠지.

네가 **어디** 있든
무엇을 하든, 기억하렴.
아빠 엄마에게는
널 향한 **큰 꿈**이 있단다.

정말
행복한 일이 있어
세상에서
가장 중요한 일이기도 해.

이것이 널 향한
우리의 **가장 큰 소원**이자
가장 커다란 꿈이란다.

바로, 네가
마음을 다해
예수님을 사랑하는 거야.
네가 무엇을 하든
그것이 먼저란다.

그분은 너를 **만드셨고,**

너를 **사랑**하신단다.

정말로 **좋은** 분이셔.

친절하고

진실하시지.

예수님은

네가 무엇을 하든

기쁨을 주신단다.

예수님은 너의 **죄**를 위해 돌아가셨어.

그분이 모든 걸 **새롭게** 해 주실 거란다.

예수님의 말씀은

믿어도 좋아.

틀림이 없고

진짜거든.

매일 예수님과 함께 **걸으렴**.

예수님과 **이야기**도 하고 말이야.

매일매일.

우리 왕이신 예수님을

잘 따라가렴.

그분은 **길**과 **진리**와 **생명**이시거든.

아빠 엄마는 널 아주 많이 사랑해.
꼭 기억해 줄래?
네가 어디 가든
항상 우리는 널 응원하고 있단다.

그리고 네가 **무엇을** 하든

어디서부터 시작하든,

아빠 엄마는 네가 **마음을 다해**

예수님을 사랑하기를 기도해.

지은이 멜리사 크루거 MELISSA KRUGER

세 남매(엠마, 존, 케이트)를 키우는 어머니. 가스펠코얼리션(The Gospel Coalition; TGC)에서 여성 콘텐츠 책임자로 섬기고 있다. 글을 쓰고, 여성들을 대상으로 강연도 활발하게 한다. 미국 리폼드신학교(Reformed Theological Seminary) 샬롯캠퍼스 총장이자 신약학 교수인 마이클 크루거(Michael J. Kruger)의 아내다. 국내에 소개된 저서로 《당신의 자녀를 위한 다섯 가지 기도》(서로사랑)가 있다.
www.melissabkruger.com

그린이 이소벨 룬디 ISOBEL LUNDIE

영국 브라이튼에서 활동하는 어린이 책 전문 일러스트레이터 겸 동화 작가다.

옮긴이 정성묵

광운대학교에서 영어영문학을 전공하고, 현재 전문번역가로 활동 중이다. 2015년 문서선교협력위원회가 선정한 '올해의 역자상'을 수상했다. 《내 마음에 두신 노래》, 《천로역정》, 《팬인가, 제자인가》, 《팀 켈러의 왕의 십자가》, 《엄마라고 불러도 돼요?》(이상 두란노), 《두란노 어린이 그림성경 놀이북 1, 2, 3》(두란노키즈) 등 다수의 역서가 있다.